AF253917

HUIT JOURS

D'HISTOIRE

LE COMMANDEMENT DE L'AMIRAL SAISSET

DU 19 AU 25 MARS 1871

DU MÊME AUTEUR

LES MALÉDICTIONS (3e *édition épuisée*)...................... 2 fr.

L'APOTHÉOSE DE LAMARTINE, un acte, en vers (THÉATRE
DE LA GAÎTÉ)... 1 —

LA VOIX DU MAITRE, un acte, en vers (THÉATRE DE L'ODÉON). 1 —

L'**INVASION** (12e *édition*).................................. 2 —

LA VOLONTÉ NATIONALE...:....................................... 1 —

L'*Invasion*, un beau volume in-18 jésus, et qui a obtenu un succès extraordinaire pendant le premier siége de Paris, est envoyée franco aux souscripteurs, contre la somme de 2 francs, adressée à la Librairie E LACHAUD, 4, place du Théâtre-Français.

CLICHY. — Imprimerie PAUL DUPONT et Cie, 12, rue du Bac-d'Asnières.

ALBERT DELPIT

HUIT JOURS

D'HISTOIRE

LE COMMANDEMENT DE L'AMIRAL SAISSET

DU 19 AU 25 MARS 1871

PARIS

E. LACHAUD, ÉDITEUR

4, PLACE DU THÉATRE-FRANÇAIS, 4

1871

PRÉFACE

On se rappelle l'émotion immense que souleva dans Paris la révolution du 18 mars. Bien que personne ne pût soupçonner la marche que la révolte allait suivre, chacun était frappé d'horreur à la pensée d'une émeute victorieuse, quand l'ennemi encore à nos portes n'attendait qu'un prétexte pour achever notre ruine.

Par suite de circonstances que le lecteur connaîtra plus loin, nous avons pu être mêlé de près aux événements de cette première semaine ; ceux du moins qui sont compris entre le dimanche 19, et le samedi 25 mars. Si nous avons attendu si longtemps pour publier les notes recueillies à cette époque, c'est que nous avons voulu laisser aux esprits le temps de se calmer. Pendant la première quinzaine qui suivit l'entrée dans Paris des troupes victorieuses, la Commune et ses défenseurs furent mis au ban de l'opinion et de l'exécration publiques; c'était justice. Le Louvre, l'Hôtel-de-Ville incendiés, les otages massacrés, Paris ensanglanté, tout cela criait haut vengeance contre les hommes qui, pendant deux mois, avaient régné sur la grande capitale. Puis à mesure que les jours néfastes s'éloignèrent, à mesure que le temps vint couvrir de son ombre les sinistres souvenirs du mois de mai, une réaction étrange commença : réaction sortie tout entière de la bourgeoisie. Le même bouti- quier qui avait insulté la Commune pendant un moment, devint son défenseur acharné : et cela pour faire de l'opposition au gouverne- ment. Retiré à Saint-Germain ou à Versailles, mécontent du repos forcé des affaires, le bour- geois n'avait pas assez d'injures contre cette héroïque armée de Versailles qui, pour me ser- vir de son expression favorite, était trop lente à la répression; chose bien naturelle : ce n'é- tait pas lui qui se faisait tuer ! Puis vint le jour où l'illustre maréchal Mac-Mahon, grâce au dévouement d'un héros inconnu nommé Du- catel, put entrer dans Paris. Aussitôt, le bour- geois arrive, débarque dans sa maison, et tout surpris de voir que son appartement est en ordre, que ses meubles ne sont pas brûlés, que sa cave n'est pas vidée, il murmure à voix basse encore : Comment, ce n'était que cela !

Écoutez la suite.

Il sort, et rencontre un ami. — Vous connaissez Moreau ? dit celui-ci : Moreau qui était contre-maître chez Delaville ? Eh bien ! mon cher, ces gredins de Versaillais l'ont trouvé sur une barricade les armes à la main, et ils l'ont fusillé ! — C'est horrible ! répond le bourgeois. Et il va partout, répétant la même phrase : — Vous connaissiez Moreau, n'est-ce pas? Moreau qui était contre-maître... etc., etc.

Voilà le premier noyau de la réaction.

Et quand on pense que tant de héros, tant de braves soldats et de courageux officiers, se sont fait tuer pour ce bourgeois et ses pareils ! Un jour une feuille importante, le *Fi-*

garo, je crois, eut l'idée d'ouvrir une souscription en faveur de Ducatel. Chacun de nous lui
devait quelque chose : les uns leur fortune, les
autres leur vie. La souscription ne dépassa pas
200,000 francs ! Et encore on n'eût trouvé sur
les listes, ni le nom de **M.** Thiers, ni celui
d'aucun de nos ministres ! Deux mois ont passé
sur cette souscription : qui donc, aujourd'hui
se rappelle le nom de Ducatel ? qui parle,
même un instant, de cet admirable héros, sinon
des journaux comme *le Siècle* ou *la Constitution*,
pour l'insulter et le flétrir ? C'est à croire
qu'en France on né veut jamais rendre
justice aux belles actions ! Lorsque éclata
la révolution du 4 septembre, le gouvernement de la défense nationale publia à grands
cris que la capitulation de Sedan était une
honte, un crime, une lâcheté. Nous le crû-

mes, et ceux d'entre nous qui, républicains, avaient eu un moment de secrète et immense joie en voyant tomber le régime impérial qu'ils détestaient, ceux-là, républicains honnêtes et convaincus, au nombre desquels nous nous mettons avec fierté, ne se lassèrent pas de lancer contre l'empereur Napoléon des injures coupables et injustes ; coupables, parce qu'il était tombé, injustes parce qu'il était innocent. Puis vinrent les récits véritables de la capitulation, et il fut démontré que l'ex-empereur avait simplement fait un grand acte d'humanité. Depuis ce moment, voici deux fois que nous écrivons cette phrase : On nous a dit que nous étions vendu. Je ne sais pas comment on fait pour se vendre, mais il est à supposer que c'est une chose fort aisée puisque dès qu'un honnête homme dit franchement et sincèrement sa pensée, on l'accuse immédiatement d'avoir trafiqué de sa conscience !

Or, ainsi que nous l'écrivions en commençant cette préface, nous avons vu de très-près les événements qui se sont déroulés à Paris du 19 au 25 mars 1871 ; plus tard, quand nous avons publié une première fois, dans le journal *la Cloche*, le récit impartial qu'on va lire, nous avons reçu une quantité énorme de lettres, où l'on nous demandait quelle somme nous avait comptée M. l'amiral Saisset pour prendre ainsi sa défense. Décidément l'humanité est bien honnête, puisqu'elle a généralement si bonne opinion des gens ! Nous disons que la capitulation de Sedan est un acte d'humanité : vendu ! que l'amiral Saisset s'est admirablement conduit : vendu ! Il est vrai que les aimables correspondants qui vous écrivent ces douceurs, ont soin de ne pas signer leurs lettres : ce qui est à la fois plein d'adresse et de prudence.

II

Nous l'avons dit, ce récit a été publié une première fois dans le journal *la Cloche* : certaines personnes nous ayant fait l'honneur de nous demander sa réimpression en brochure, nous n'avons pu nous y refuser, considérant en effet comme un devoir d'éclairer l'opinion publique, de toutes les manières possibles.

M. l'amiral Saisset est un des grands calomniés de ce temps-ci ; et c'est faire œuvre digne que de dire la vérité sur son commandement, qui aurait pu être si heureux, sans la faiblesse inconcevable de la municipalité de Paris. Nous avons reçu, ainsi que nous l'avons dit, un grand nombre de lettres : au nombre de celles-ci, s'en trouvait une de M. Émile Monteaux, officier d'ordonnance de l'amiral, nous avons cru devoir la publier à la suite de notre récit. Elle a ce double avantage qu'elle contient des détails inconnus, et ensuite qu'elle met le lecteur au courant de certains faits que nous n'avons pu voir nous-même, ayant été arrêté le vendredi, 24 mars, par les fédérés.

Qu'il me soit permis de saisir cette occasion pour remercier M. Washburn, ministre de la république des États-Unis en France, M. Mac-Kean, et M. le colonel Hoffmann, premier secrétaire de notre ambassade au dévouement et au sang-froid desquels j'ai dû la vie. Sans eux, j'aurais été fusillé par les insurgés, et je ne saurais trop dire hautement combien a été noble et courageuse la conduite qu'ils ont tenue envers un des plus modestes de leurs nationaux.

Pour terminer ces quelques lignes, ajoutons que si les maires de Paris ont perdu la situation par leur faiblesse, d'autres hommes ont fait preuve de l'énergie la plus rare : la population parisienne a contracté une dette de reconnaissance envers MM. le colonel Charpentier, ex-commandant supérieur du 17e arrondissement, Alfred André et Denormandie, députés à l'Assemblée nationale, et ceux dont on trouvera les noms dans ces pages, et, au-dessus de tous, M. l'amiral Saisset, qui a été admirable de courage et de dévouement. Sans lui, le sang aurait coulé dans Paris ; sans lui, Dieu sait où nous aurait menés la lâcheté de quelques-uns.

ALBERT DELPIT.

Paris, 11 novembre 1871.

HUIT JOURS D'HISTOIRE

LE COMMANDEMENT DE L'AMIRAL SAISSET

DU 19 AU 15 MARS 1871.

I

Ce n'est pas une histoire que je viens raconter : ce sont les souvenirs personnels que j'ai rapportés d'une période où j'ai vu se dérouler devant moi bien des événements curieux ; enfin, quelque chose comme une chronique d'aujourd'hui, qui, sans avoir la prétention d'être de l'histoire, peut du moins aider à la construire. Nous vivons à une époque étrange où rien de ce qui est extraordinaire n'est impossible. Gulliver pourrait revenir de ses lointains voyages, sans que nul eût l'idée de l'appeler un fou ou un menteur : c'est au moins ce qu'on gagne dans les temps tourmentés comme les nôtres.

Quant à moi, je dirai la vérité et rien que la vérité , mais je la dirai tout entière, rendant à chacun selon ses œuvres. J'ai vu de près certains hommes qui, par leur faiblesse criminelle, ont augmenté nos malheurs : il faut écrire cela. D'autres, au contraire, ont vaillamment lutté et se sont exposés mille fois : ceux-là, il est de mon devoir de les faire connaître, afin que la foule puisse décerner en toute justice le blâme et l'éloge. J'avoue franchement qu'il m'importe peu de semer des haines sur mon chemin. Donc, mes lecteurs, ceux qui me feront l'honneur d'avoir confiance en moi, et de tenir pour *rigoureusement vraies* les choses qu'ils vont lire , peuvent être certains que je ne cacherai rien et que je n'inventerai rien.

Il me reste à m'excuser auprès d'eux d'être obligé de me mettre souvent en scène, par la nature même de ce récit. Mais si je sais quelque chose, je le dois uniquement à ce que j'ai été acteur dans ce drame épouvantable qui a commencé par un assassinat et fini par un crime sans précédent. Il faut que je me mêle un peu à l'action, puisque j'ai la prétention de ne dire que ce que j'ai vu.

II

Le dimanche, 19 mars, j'étais tranquillement à
écrire une lettre au café du Helder, quand tout à coup
j'entends des cris et des acclamations à côté de moi
sur le boulevard. Vraiment, cela était peu étonnant.
Depuis quelques jours l'histoire de France avait l'air
d'être écrite par Turlupin d'un côté et Cartouche de
l'autre : le Comité central régnait à l'Hôtel-de-Ville,
et, de là, sur tout Paris. Le gouvernement régulier
avait fait ses malles et pris un billet de première
classe pour Versailles.

Vous vous rappelez la stupéfaction de la population
parisienne, quand, à son réveil, elle apprit qu'elle
était livrée aux insurgés. Le premier moment d'effa-
rement passé, vint l'indignation. On se promenait
dans la rue avec des mines de l'autre monde.

— Eh bien, qu'est-ce que vous dites de cela?

— C'est abominable !

— Oh ! ne m'en parlez pas. Quitter son poste au milieu du danger !

— Que diable ! disait un grand monsieur décoré qui pérorait au milieu d'un groupe, que diable ! on a un gouvernement ou on n'en a pas.

— Vous avez parfaitement raison, monsieur, lui ripostait un autre discoureur, gros et court, celui-là. Seulement, remarquez, s'il vous plaît, ceci : c'est que tout à la fois nous avons un gouvernement et que nous n'en avons pas !

La foule trépignait d'aise.

Si encore on avait eu un chef ! Mais personne n'avait le courage de lever le drapeau de l'ordre. Déjà la veille un mouvement exécuté par la partie saine de la population avait échoué complétement, parce que l'on n'avait personne qui pût prendre le commandement en chef. On parlait justement de cela, le dimanche 19 mars, lorsque l'amiral Saisset, suivi d'un lieutenant de vaisseau, M. Arved Salive, entra au cercle du Helder, en se frayant à grand'peine un chemin dans la foule. Reconnu bientôt et acclamé par dix mille bouches, il allait disparaître quand quelqu'un s'avança et lui dit :

— Amiral, au nom du ciel, mettez-vous à la tête de la garde nationale.

C'était cette proposition qui avait soulevé les acclamations que je venais d'entendre dans l'intérieur du café. Je courus me joindre à la foule, et je demandai où était l'amiral Saisset.

— Il est entré dans la maison, me dit quelqu'un, mais il a parlé tout bas à ce monsieur (et on me montrait M. Salive), nous allons donc avoir sa réponse. En effet, il nous fut répondu que l'amiral Saisset acceptait d'être commandant en chef des gardes nationales de la Seine, à condition qu'il fût nommé par le chef du pouvoir exécutif.

Cette condition était de toute importance. En effet, pour répondre aux insurgés d'une manière efficace, il fallait agir en vertu de pouvoirs réguliers. Nous comprîmes ce que la demande de l'amiral avait de juste, et une députation composée de M. de la Roühellerie [1], président du comité des amis de l'ordre,

---

[1] M. de la Roühellerie, ancien préfet, est le neveu du général Cavaignac. On verra, par la suite, quel rôle intelligent et actif, il joua dans tout ceci. — J'ignore les noms de plusieurs de nous. Je les prie de m'excuser si je ne puis leur rendre justice.

de MM. Émile Monteaux et Bertheaudin, et de l'auteur de ce récit, partit pour Versailles à trois heures et demie. Le soir nous rapportions la nomination de l'amiral Saisset, écrite entièrement de la main de M. Thiers, d'une écriture large et tranquille, prouvant que le chef du pouvoir conservait son sang-froid et son énergie au milieu des événements qui ensanglantaient Paris.

M. de la Roühellerie, M. Émile Monteaux et moi, nous arrivions chez l'amiral Saisset, rue de Ponthieu, à dix heures du soir.

C'est de là que partit le commencement de résistance qui devait, pendant une semaine entière, rendre à Paris un peu de son espérance perdue, pour aboutir à un échec inévitable, dû à la lâcheté de quelques-uns, mais surtout à la faiblesse inconcevable que montra la municipalité de la grande ville.

Il importe de bien préciser les faits, sans rien exagérer, mais aussi en disant toute la vérité, de telle sorte que la culpabilité de ceux qui faillirent à leur devoir ressorte clairement. Quant à moi, je ne crains pas d'affirmer hautement que, mieux secondé, aidé davantage par ceux qui devaient lui donner leur appui, l'amiral Saisset aurait eu raison des insurgés en *trois jours.* Toute l'énergie qu'un homme peut déployer, l'amiral Saisset l'a mise au service de la bonne cause. Il faut dire cela comme réponse aux accusations absurdes qu'a lancées contre lui une certaine partie de l'Assemblée nationale. Nous verrons ensuite ce que cette Assemblée, frémissante de terreur, a fait pour cette même cause, et le lecteur jugera, en voyant les deux dossiers ouverts devant lui, qui des deux a fait son devoir.

III

Au moment où l'amiral Saisset engageait la lutte contre le gouvernement de l'Hôtel-de-Ville, voici quelles étaient, au juste, les forces qu'il avait à sa disposition.

A Passy, le 24e bataillon commandé par le colonel Lavigne, et le 72e, commandé par M. de Bouteiller. Ces bataillons, les seuls qui fussent alors sous les armes pour défendre la cause de l'ordre, s'étendaient depuis la mairie de Passy jusqu'à l'Hippodrome d'un côté; de l'autre du château de la Muette au Trocadéro. Un délégué au Comité central étant venu pour les engager à déserter leur drapeau, M. Lavigne l'avait fait arrêter ; cet individu, nommé Sanglier, fut échangé depuis contre le général Chanzy.

En outre, l'amiral Saisset pouvait compter sur le

3ᵉ bataillon, le 1ᵉʳ, le 2ᵉ, le 4ᵉ, le 5ᵉ, le 6ᵉ, le 228ᵉ, le 7ᵉ, le 11ᵉ, le 12ᵉ, le 106ᵉ et le 17ᵉ.

Mais une grande désorganisation existait dans tous ces corps, grâce à la faiblesse de certains hommes qui, au moment du danger, avaient donné leur démission : comme M. de Monicaud, commandant au 6ᵉ bataillon, M. Ibos, colonel commandant le 106ᵉ, et M. de Crisenoy, colonel commandant le 17ᵉ ; chose d'autant plus étonnante que ces trois officiers supérieurs s'étaient admirablement battus à la bataille de Montretout[1]. Le 6ᵉ bataillon avait enlevé d'assaut la redoute de Montretout. MM. de Crisenoy et Ibos ajoutaient en outre à leurs états de service une conduite assez énergique dans la nuit du 31 octobre. C'étaient eux, qui, chargeant à la tête de leurs soldats, avaient contribué en grande partie à sauver le gouvernement.

D'autres commandants, restés fidèles à leur poste, ne pouvaient compter que sur le tiers de leurs hommes : il en était ainsi des autres. En somme, l'amiral Saisset

---

[1] M. de Monicaud a été nommé préfet, et M. de Crisenoy, officier de la Légion d'honneur, probablement pour avoir tous les deux manqué à leur devoir ! Il est vrai que M. de Monicaud est le gendre de M. Dufaure : c'est une excute !

n'avait à sa disposition qu'une petite armée de 15 à 20,000 hommes, *sans artillerie*, et presque sans *munitions* : et cela, pour lutter contre 120,000 gardes nationaux, ayant des cartouches en abondance, et une paye générale de 3 francs par jour pour les sédentaires, et de 5 francs pour les mobilisés.

Voilà la situation dans sa vérité navrante, et telle qu'elle apparut aux yeux de l'amiral Saisset, quand il fut nommé commandant en chef. Comme j'avais pris du service pendant la guerre, il voulut bien me choisir pour aide de camp, et, confiant dans l'intelligence de MM. de la Roühellerie et Émile Monteaux, il les pria de formuler leur opinion. Ces messieurs furent d'avis d'agir immédiatement, dans la nuit même, si cela était possible. Il était alors dix heures et demie du soir.

— A merveille, Messieurs, dit l'amiral ; c'est aussi mon avis : nous n'avons pas une minute à perdre, car à l'heure qu'il est, nous devons être surveillés de près par ces misérables de l'Hôtel-de-Ville. Je ne vous cache pas que vous et moi nous jouons notre tête à lutter contre eux. Ainsi prenons nos dispositions sans tarder. Voyons : il me faut au moins cinq cents hommes avec cent cartouches chacun ; amenez-les à deux heures du matin au carrefour Morny et Ponthieu, et de là nous marchons sur l'Hôtel-de-Ville. Le mot d'ordre est : *Honneur et Patrie.*

Il fut convenu entre MM. de la Roühellerie, Monteaux et moi, que nous tâcherions de réunir une poignée de soldats, et de les acheminer ensuite au rendez-vous donné, chacun par un chemin différent.

Je quittai ces messieurs et, sautant en voiture, je courus chez le colonel Charpentier, pour m'entendre avec lui sur le moyen de mener tout ceci à bonne fin.

Pendant le siége de Paris, le malheureux général Clément Thomas m'avait fait l'honneur de m'attacher comme capitaine américain auprès de cet officier supérieur, et, en mille circonstances graves, j'avais admiré le courage, le sang-froid et la haute intelligence de M. Charpentier. J'étais donc certain que l'amiral serait heureux d'avoir un pareil second, dans ce duel qu'il engageait contre des assassins.

Le colonel Charpentier hocha la tête quand je lui parlai de cette demande de cinq cents hommes qui devaient être réunis en armes à deux heures du matin. Il me prit le bras et m'entraîna sur le boulevard.

— L'amiral ne connaît pas la garde nationale, me

dit-il. S'il avait connu son organisation, il aurait compris qu'une pareille chose est impossible. Chacun de mes hommes dort tranquillement chez lui à l'heure qu'il est. Comment voulez-vous que je puisse les faire prévenir? Par le rappel? D'abord, ce serait annoncer nous-mêmes au Comité central que nous préparons quelque chose. Ensuite, à supposer que les soldats de mon bataillon descendent au lieu de réunion, nous courons le risque d'avoir en même temps les bons et les mauvais.

— Comment, les bons et les mauvais? demandai-je étonné.

— Dame! dans mon bataillon comme dans tous les autres, il y a des hommes qui sont de cœur pour le Comité central, et ceux qui ne demandent qu'à le renverser. C'est donc un véritable triage à opérer.

— Mais en prévenant chez eux ceux dont vous êtes sûr?

Le colonel tira sa montre.

— Le moyen est excellent : seulement il est maintenant près de minuit, et une pareille opération demande au moins quatre ou cinq heures, au milieu de la nuit, surtout en des temps troublés comme ceux-ci.

— Alors votre conclusion est...?

— Ma conclusion est qu'il faut renoncer à tenter quelque chose cette nuit , d'autant plus que demain nous aurons le temps d'agir en toute sécurité. En attendant, je vais vous mener à la mairie du IXᵉ arrondissement, vous verrez là M. Alfred André, adjoint au maire, vous lui communiquerez la nomination de l'amiral, et vous pourrez rapporter à notre chef commun un renseignement positif ; en tout cas, essayons.

Quelques instants après nous étions introduits, le colonel Charpentier et moi, dans la salle où ont lieu les séances du conseil municipal.

On sait que la mairie du IXᵉ arrondissement est située rue Drouot en face de la cour de l'Opéra. La salle de réunion est au premier étage, et donne sur un petit jardin entouré de hautes maisons, et communiquant avec le corps de bâtiment par une porte vitrée ouvrant dans la salle de célébration des mariages ; au fond de ce jardin une porte en bois épais, fermée par deux larges barres de fer, et aboutissant au passage Européen.

Le conseil municipal était au complet, moins le maire, M. Desmarets, qui se trouvait à la mairie du IIᵉ arrondissement, à la réunion générale des maires de Paris ; ces messieurs l'attendaient d'un moment à l'autre.

Nous passâmes dans un cabinet du fond, M. Charpentier me présenta à M. André, et lui exposa la situation. M. André fut d'avis de tenir la nomination de l'amiral cachée pendant quelques heures encore, et de s'ouvrir à M. Desmarets pour lui demander son opinion. Nous remontâmes en voiture tous les trois ; et nous arrivions quelques instants après rue de la Banque:

Je connaissais M. Desmarets de réputation seulement : je ne l'avais jamais vu. On m'avait répondu, un jour que je demandais à quelqu'un ce qu'il en pensait :

— C'est un homme charmant.

Et comme j'insistais pour savoir au juste à quoi m'en tenir, mon ami avait ajouté :

— C'est un avocat !

C'est un avocat ! c'est-à-dire un homme qui aime à causer !

Mon ami avait raison ! M. Desmarets est un homme du meilleur monde, diseur exquis, doué de l'esprit le plus fin qui se puisse imaginer. Mais il est juste d'attribuer à chacun sa part de responsabilité.

Or, M. Desmarets en a une grande. L'énergie, la volonté et le sang-froid lui ont complétement fait défaut pendant cette semaine terrible où se jouaient les destinées de la France.

M. André exposa à M. Desmarets le motif de notre visite, et lui prouva par A + B que depuis trois jours, les entrevues des maires et des délégués de l'Hôtel-de-Ville n'ayant abouti à rien, il fallait recourir à la force.

— Comment ! ces entrevues n'ont abouti à rien ? répond le maire du IXe arrondissement, mais les affaires marchent aussi bien que possible ! Tenez ! dans ce même moment, il y a au milieu d'eux quatre envoyés du Comité central qui ne demandent qu'à remettre toute la situation entre nos mains. Voyez-vous, ces grands citoyens commencent à s'apercevoir que leur position est grave, et ils ne seraient pas fâchés de se tirer d'affaire. Ainsi, il est complétement inutile de recourir à la force, au moins pour le moment. Voilà ce qu'il faut dire à l'amiral, *car je ne vous cache pas que sa nomination de commandant en chef des gardes nationales par le gouvernement de Versailles complique singulièrement les choses.*

J'avoue que je restai confondu en entendant cela.

Comment ! voilà un homme, un amiral de la marine française, qui accepte le commandement de la troupe la plus indisciplinée de France ; de plus, en faisant cela, il joue sa tête, car d'un moment à l'autre, n'ayant ni état-major pour porter ses ordres, ni factionnaire pour le garder, il peut être enlevé de sa demeure et enfermé je ne sais où ; et le seul mot de récompense qu'on donne à cet homme, qui se dévoue enfin, qui s'offre le premier au danger et à la colère d'une population affolée, c'est : Il aurait mieux fait de rester tranquille !

Est-ce que le mot dévouement aurait deux significations, par exemple ? et un avocat ne le comprendrait-il pas comme un marin ?

Je faisais ces réflexions, assez tristes en somme, en roulant vers la maison de l'amiral, en compagnie du colonel Charpentier. La situation commençait à apparaître sous son vrai jour : du côté des insurgés, un but bien défini, poursuivi avec intelligence, et par-dessus tout, à ce moment-là, l'union la plus complète; de notre côté, à nous, une hésitation perpétuelle, un tâtonnement de chaque minute, et, sans compter une effrayante désorganisation, pas la moindre entente entre les hommes qui étaient à la tête de la résistance. Car, pour qui connaît un peu le caractère parisien, il était présumable que la division existait entre les différents membres du conseil municipal.

A notre arrivée chez l'amiral, je lui fis froidement le récit de ma mission : je lui racontai avec la plus grande sincérité ce qui s'était passé, sans en excepter même la phrase de M. Desmarets ; puisque le nouveau commandant en chef de la garde nationale voulait engager la lutte immédiatement par une action prompte et décisive, il devait être au fait de la situation des esprits, et surtout ne pas avoir d'illusion sur les alliés qu'il trouverait en pareille affaire. Ce que l'on pouvait prévoir arriva. L'amiral ne se découragea pas pour si peu, et passant outre, sans s'occuper davantage de l'opinion de M. Desmarets, il demanda au colonel Charpentier si une action était possible la nuit même. Le colonel exposa à l'amiral les raisons que nous avons déduites plus haut, et il fut convenu que le lendemain seulement on tenterait quelque chose ; en même temps, j'avertissais l'amiral que le lendemain matin, à dix heures, MM. Alfred André, adjoint du IXe arrondissement, son cousin, Édouard André, capitaine de la 2e compagnie du

2ᵉ bataillon, et Denormandie, adjoint du huitième arrondissement, faisant fonctions de maire en l'absence de M. Carnot, viendraient se concerter avec lui. De son côté, M. Charpentier devait prévenir quelques colonels et commandants dont il était sûr et, en même temps, sonder l'esprit de son bataillon, afin de détacher du Comité central ceux qui voulaient se rallier au gouvernement de M. Thiers.

Quand ces entrevues furent terminées, il était à peu près deux heureset demie du matin. Je retournai à la mairie de la rue Drouot, où M. André devait apporter le résultat de la délibération municipale tenue rue de la Banque entre les maires de Paris et les délégués de l'Hôtel-de-Ville, afin de le transmettre à l'amiral.

M. André, au bout d'une heure, arriva et nous dit que ces délégués avaient promis de remettre successivement entre les mains des maires, les diverses positions occupées par eux, telles que l'Hôtel-de-Ville, l'Elysée, la place Vendôme et le ministère de l'intérieur. Qu'est-ce que cela voulait dire ? M. André croyait peu à la longanimité des insurgés et voyait un piége là-dessous. Ce fut aussi l'avis de l'amiral Saisset. Ce qu'il y avait de plus clair, c'est que la municipalité de

Paris se refusait à tenter une attaque directe, et voulait agir seulement par conciliation. Comme il arrive toujours quand on veut temporiser, on allait perdre du temps, un temps dont chaque seconde était précieuse, pour n'arriver à rien, en somme, et compromettre une situation déjà si dangereuse.

IV

Le lendemain matin à neuf heures et demie, j'entrais chez l'amiral. Quelques instants après MM. Alfred, Édouard André et Denormandie arrivaient. Ces messieurs ne faisaient et ne pouvaient faire là qu'une démarche personnelle, n'ayant reçu aucun mandat. Au moins était-ce un acte de courage qui faisait honte aux pusillanimités de quelques autres. Il fut décidé qu'une grande réunion aurait lieu ce jour même à deux heures, à la mairie de la rue Drouot, et que ces messieurs et l'amiral s'y retrouveraient avec M. Dubail, maire du XIIe arrondissement, M. Desmarest et tout le conseil municipal du IXe.

Remarquons qu'à ce moment la mairie du IXe était occupée par deux bataillons insurgés, et que l'amiral Saisset, dont la nomination était déjà connue partout, s'exposait aux plus grands dangers en se rendant là :

très-populaire à Paris, il devait être infailliblement reconnu au moindre pas fait sur le boulevard. N'importe, c'était son devoir, il voulait le remplir comme toujours.

Je me hâte d'ajouter que c'est dans toute la sincérité de ma conscience que j'écris ces lignes : je dis hautement cela, pour ne pas être accusé par les gens que je condamne de vouloir faire un panégyrique de l'amiral Saisset.

Mais il me convient de dire la vérité, de la dire tout entière, et comme je ne dois compte de mes actions à personne, de déclarer que grâce à lui et *à lui seul*, le sang n'a pas coulé dans Paris pendant les huit jours qu'a duré son commandement : le malheur a été qu'à côté de lui se soient trouvés des hommes qui avaient comme pris à tâche d'obstruer sa route à chaque pas.

On attendait l'amiral Saisset pour commencer la délibération. Il exposa son plan, qui se réduisait à ceci : concentrer les forces sur un point stratégique quelconque, et de là faire la tache d'huile, en s'avançant peu à peu jusqu'au cœur de l'insurrection, après avoir groupé autour de soi les éléments épars dont se composaient les bataillons restés fidèles à l'ordre.

Ce plan avait un double avantage : d'abord il était d'une exécution facile, et ensuite, le succès était inévitable, sans qu'on eût à verser une goutte de sang. M. Desmarest, et plusieurs autres personnes dont je regrette de ne plus me rappeler le nom, le combattirent vivement. Au même instant, arriva M. Ernest Martin du Nord, colonel commandant le 7e bataillon. Il apportait l'adhésion de quelques-uns de ses officiers.

L'amiral s'apprêtait à énumérer les forces dont il pouvait disposer, quand M. Desmarest fit deux pas en avant, et dit à voix basse :

— Messieurs, nous sommes dans une *souricière !*

— Qu'est-ce que cela veut dire ? demanda un conseiller municipal.

— Cela veut dire que la présence de M. Saisset est signalée ici, et que si on laisse entrer tout le monde, on ne laissera sortir personne.

Il semblait bien un peu extraordinaire qu'on nous eût laissés nous réunir, causer tranquillement ensemble, pour nous arrêter après, quand il eût été si facile de nous arrêter les uns et les autres; mais enfin, la chose pouvait être vraie : il fut donc décidé que l'on devait agir avec prudence. M. André se pencha vers la fenêtre et, montrant du doigt la petite porte en bois dont j'ai parlé, déclara qu'il allait la faire ouvrir, afin que l'amiral pût sortir par là sans le moindre péril. Comme celui-ci se refusait à partir le premier, disant qu'étant le chef, il devait courir le danger jusqu'au bout, M. André lui prit le bras en ajoutant :

— Pardon, amiral, mais, dans cette mairie, c'est à moi de quitter mon bord le dernier.

Pendant ce temps-là, M. Denormandie, qui n'était nullement convaincu de l'existence de la fameuse *souricière*, m'avait fait un signe énergique et sortait avec moi par devant.

Inutile d'ajouter que le piége n'existait pas, et que, loin de nous faire la moindre opposition, le chef du poste nous adressa un salut militaire des plus galants. Au moment de se séparer, il avait été décidé que la délibération, interrompue par la *souricière*, devait se reprendre une heure plus tard au cercle de la rue Royale, n° 1, où chaque personne allait se transporter immédiatement.

Pour en finir une bonne fois avec ces histoires de piéges que certaines personnes voient perpétuellement tendus sous leurs pieds, j'ajoute le trait suivant : On se rappelle l'énergique protestation de M. Ad. Bonne, capitaine commandant la 5e compagnie du 56e bataillon, conçue en ces termes :

RÉPUBLIQUE FRANÇAISE.

Liberté — Égalité — Fraternité.

Je viens faire appel au patriotisme et à la virilité de la population qui veut l'ordre, la tranquillité et le respect des lois.

Le temps presse pour former une digue à la révolution ; que tous les bons citoyens viennent me donner leur appui.

Ad. Boune,

Capitaine commandant la 4e compagnie du 253e bataillon, 12, boulevard des Capucines.

Cette proclamation simple et très-crâne avait éveillé la sympathie de tout le monde autour de son auteur, et chacun disait : En voilà un qui n'a pas peur au moins ! Or un de nos amis conseillait à M. Desmarets de voir M. Boune ; c'était un homme énergique dont le concours eût pu être utile. M. Desmarets regarda avec soin autour de lui, comme un homme qui a peur d'être entendue, et murmura à voix basse : « On dit que c'est un souvenir ! »

En dépit de ces appréhensions, toutes les personnes présentes au conseil de la mairie, rue Drouot, arrivèrent, l'une après l'autre, au cercle de la rue Royale, indiqué, je l'ai dit, comme étant le point de réunion. En chemin le parti de l'ordre avait fait des prosélytes. Quatre-vingts à cent personnes se réunirent dans la grande salle de lecture, au premier, et la séance commença, présidée par l'amiral Saisset.

D'autres officiers s'étaient joints à nous : tels que M. Clapisson , capitaine commandant la 1re compagnie du 7e bataillon, M. le baron Henry de Viviers, retour de Sedan, capitaine de zouaves, et plusieurs autres dont je regrette de ne pas me rappeler le nom.

Tous ces messieurs ne devaient pas tarder à être condamnés à mort par la Commune.

Là séance fut ouverte par un petit discours de M. Desmarets : il y était dit que les maires de Paris n'étaient ni *carpes ni lapins,* et que, par conséquent, on ne devait pas compter sur eux, etc., etc. Au reste, ajoutait l'honorable avocat, l'heure n'était pas éloignée où, ainsi qu'il l'avait dit deux heures auparavant, les membres du Comité central remettraient toute l'autorité entre les mains de la municipalité. Ainsi, il fallait avant tout éviter une effusion de sang causée par la résistance ouverte.

Il y avait malheureusement beaucoup de vrai dans le discours de M. Desmarets, notamment sa pittoresque expression qui accusait MM. les maires de n'être ni *carpes ni lapins :* je sais certains d'entre eux qui étaient des lièvres.

La réponse de l'amiral fut ce qu'elle devait être : simple, énergique et digne. Il déclara que son unique désir était d'éviter de répandre le sang. On y regarde à deux fois avant de prendre une aussi terrible responsabilité ! Mais en même temps son devoir était de s'opposer par tous les moyens possibles à l'envahissement successif de Paris par les bataillons fédérés. Que manquait-il au parti de l'ordre ? Un drapeau. Le drapeau, il voulait le lever et, une fois levé, le défendre jusqu'au bout.

Pour cela, il fallait un centre de réunion où les gardes nationaux fidèles pourraient venir rejoindre les défenseurs de l'ordre. Ce point était la gare Saint-Lazare.

En effet, en barricadant la rue du Havre, la rue Saint-Lazare à ses deux extrémités aboutissant à la place, et la rue d'Amsterdam à la hauteur de la rue de Berlin, on se garantissait contre toute espèce d'attaque. Pendant ce temps-là, les bataillons de Passy se ralliaient à nous par la gauche, et, en gardant les Batignolles, on avait deux voies de communication avec Versailles : le chemin de fer qui nous amenait des munitions, des vivres, des canons et de l'infanterie, pendant que par Passy arrivait la cavalerie. L'amiral termina son discours en disant que chacun devait faire comme lui , risquer sa vie et ne pas s'occuper de soi, pour ne songer qu'à la France, le dévouement et l'abnégation pouvant seuls nous sauver.

On ne répondit que par des applaudissements frénétiques.

Le projet adopté, il fallait s'occuper de le mettre à exécution. Pour cela, l'amiral demanda aux officiers supérieurs présents, tels que MM. Martin du Nord, Charpentier, et trois autres colonels dont j'ignore les noms, de mettre à sa disposition au moins 400 hommes ayant chacun au minimum 160 cartouches et trois jours de vivres. Ces messieurs devaient s'occuper immédiatement de les réunir, et le soir même, à neuf heures et demie, se retrouver au cercle où les recevrait M. Feytau, lieutenant de vaisseau, délégué à cet effet par l'amiral.

Chaque personne sortit une à une, et je me rendis chez notre commandant en chef pour prendre ses ordres.

Il n'y avait pas de temps à perdre. L'amiral me remit, à cinq heures et demie, la proclamation suivante, en m'enjoignant de la faire signer dans la soirée par les maires et adjoints de Paris :

C'était joué admirablement. Le Comité central avait déployé une habileté supérieure, et une diplomatie à rouler d'un coup tous les ambassadeurs étranges que M. Thiers va déterrer on ne sait où ! Et dans tout ce qu'il avait fait, les maires de Paris n'avaient pas vu quel traquenard leur était tendu. Ainsi, non-seulement ils avaient compromis la situation en perdant trois jours précieux, mais encore ils avaient refusé pendant ces trois jours de donner à l'amiral Saisset le secours moral qu'il était en droit d'attendre d'eux.

Ce ne fut que le samedi, quatre jours plus tard, que les maires consentirent à signer la proclamation que j'ai reproduite plus haut : elle fut affichée dans la nuit: Mais il était trop tard. La population de Paris se voyait abandonnée par ceux dont le premier devoir était de la défendre : le découragement la prit, une seconde fois, et elle se laissa aller au courant.

Ce fut la fin.

V

Examinons maintenant la situation de Paris à cette date du mercredi.

L'amiral Saisset avait environ autour de lui de 12 à 18,000 hommes : 9,000 environ à la place de la Bourse, et le reste au Grand-Hôtel. La mairie du IXe arrondissement, un moment occupée par le 7e bataillon, avait dû céder la place au 11e, appartenant à l'insurrection. De même, à la mairie du VIIIe arrondissement. Seules, celles du Ier et du IIe tenaient encore. Le jeudi soir, 600 hommes appartenant aux 3e, 6e, 4e et 71e bataillons, s'emparèrent de la gare Saint-Lazare, mais sans la moindre violence.

Le vice-amiral Saisset, commandant en chef les gardes nationales de la Seine, à ses concitoyens

« Investi du commandement en chef des gardes
« nationales de la Seine, par le président du conseil,
« chef du pouvoir exécutif, *et d'accord avec MM. les*
« *maires de Paris, élus par le suffrage universel,*
« j'entre en fonctions à partir de ce jour.

« Je n'ai d'autre titre à l'honneur de vous com-
« mander, mes chers concitoyens, que celui d'avoir
« défendu de mon mieux, contre l'ennemi, jusqu'à la
« dernière heure, les forts et les positions placés sous
« mon commandement ; j'ajoute mon malheur irrépa-
« rable, la perte de mon fils unique, lieutenant de
« vaisseau, tué à l'ennemi le 16 janvier, en défendant
« un des bastions du fort de Montrouge.

« Fermement résolu à donner ma vie pour la dé-
« fense de l'ordre, le respect des personnes et de la
« propriété, m'appuyant sur les chefs élus de nos
« franchises municipales, j'espère arriver, par de
« sages avis, à opérer la conciliation de tous sur le
« terrain neutre de la République. »

« Groupez-vous autour de moi, accordez-moi votre
« confiance, et la République sera sauvée.

« Ma devise reste celle des marins : *Honneur et
« patrie !*

« Saisset,

« Vice-amiral, commandant en chef
les gardes nationales de la Seine,
député de Paris. »

Quel que soit le parti auquel on appartienne, il est
impossible de ne pas admirer cette proclamation si
belle et si énergique. De plus elle a une grande importance pour nous, en ce qu'elle explique toutes les
actions de l'amiral du 19 au 25 mars : d'abord, et
avant tout, sa ferme résolution d'éviter l'effusion du
sang, et ensuite une répression progressive de l'insurrection. J'ajouterai qu'elle était juste, dans la plus
large acception du mot : l'amiral voulait agir seulement avec l'appui de la municipalité parisienne, action
légale et en même temps politique au premier
chef, car les membres du Comité central se
refusant à déposer les armes, sous prétexte qu'ils
défendaient les libertés communales de la ville de

Paris, s'appuyer pour les combattre sur les élus mêmes de ces libertés, c'était ôter au pouvoir de l'Hôtel-de-Ville sa raison d'être. En outre, on voit l'importance qu'elle avait, puisqu'elle réveillait dans la population un esprit de résistance dont on était en droit d'espérer les meilleurs résultats.

Cette proclamation me fut remise, comme je l'ai dit, le mardi soir 22 mars, à six heures. De sept heures à minuit, je devais la faire signer par les maires de Paris et la faire afficher immédiatement pour qu'elle pût être lue dès le matin sur toutes les murailles.

Pendant ce temps-là, M. Feyteau devait recueillir les chiffres apportés par les officiers supérieurs, et, avec les forces qu'il aurait, l'amiral planterait immédiatement le drapeau de la résistance.

VI

A dix heures du soir, je n'avais encore rien obtenu. MM. les maires de Paris se refusaient avec un
ensemble touchant à signer l'adresse de l'amiral
Saisset au peuple de Paris. M. Desmarest nous ayant
déjà prévenus qu'ils n'étaient ni carpes ni lapins, il
n'y a rien là qui doive étonner. La vérité est que ces
messieurs semblaient persuadés que leur éloquence
ramènerait immédiatement les membres du Comité
central à des sentiments inespérés de conciliation. Il
faut même avouer qu'ils se croyaient bien près du but.
Les maîtres de l'Hôtel-de-Ville paraissaient effrayés
de la responsabilité énorme qu'ils avaient assumée
sur eux. A les en croire, ils ne demandaient qu'à
céder le pouvoir ; on sait que depuis trois jours c'était
le même refrain. Le lendemain devait amener un
apaisement général, et autour de cette idée les maires

et leurs adjoints, ceints de leurs écharpes, tournaient sans se fatiguer, comme un cheval autour d'une meule.

On comprend leur refus de tendre la main à l'amiral Saisset; eux seuls suffisaient bien à tout faire rentrer dans l'ordre.

A examiner froidement la situation, je voyais seulement cinq personnes qui auraient le courage de signer l'adresse : MM. Denormandie (VIIIe), Alfred André, Féry (IXe), Tirard (IIe), Dubail (XIIe). Pourtant, comme il fallait à tout prix sortir de là, que d'un autre côté, je devais rendre compte de ma mission à celui qui me l'avait confiée, je me risquai à demander conseil à M. André, en le priant de m'indiquer une marche à suivre. M. André me mena rue de la Banque où l'on nous fit toujours la même réponse : le Comité central va nous céder la place. J'attendis le résultat de la séance jusqu'à deux heures du matin ; mais ce fut en vain : personne ne pouvait s'entendre.

Les maires exigeaient que l'autorité leur fût remise immédiatement, ainsi qu'il leur était promis depuis quatre jours ; de leur côté les délégués du Comité central voulaient attendre au moins jusqu'au lendemain.

Pendant tous ces débats, le temps passait, et je n'avais pas encore obtenu les signatures que j'avais demandées. A deux heures et demie du matin, je me rendis à la hâte rue de Ponthieu, dire à l'amiral que je n'étais arrivé à rien.

J'appris là que les officiers supérieurs ne pouvaient même pas amener 300 hommes en tout. A peine aurait-on pu avoir sous la main à un moment donné quelques compagnies sûres.

On le voit, les affaires allaient mal. L'amiral Saisset voulait résister à main armée : pas de soldats ; il demandait aux maires de s'allier avec lui : les maires ne disaient ni oui ni non, mais refusaient en fin de compte. La situation était tendue : un rien devait la rompre. C'est ce qui arriva.

Le mardi matin, vers neuf heures, M. Héligon, adjoint à la mairie du XVIIe arrondissement, entendit frapper à coups de crosse chez lui. Effrayée, sa femme court à la fenêtre et prévient son mari que toute une compagnie de gardes nationaux le demande. M. Héligon, croyant qu'en sa qualité d'adjoint, on venait lui soumettre une question d'administration municipale, ouvrit la porte de son appartement, où cinq ou six hommes débraillés se précipitèrent. En même temps le capitaine de la compagnie posait des sentinelles dans l'escalier, de marche en marche, et faisait garder toutes les issues de la maison. M. Héligon comprit qu'il était tombé dans un piége et s'apprêta à se défendre.

— Que me voulez-vous ? demanda-t-il au capitaine.

— Tu es un mauvais b....., répond l'autre, et nous venons t'empoigner.

— Ah ! vous venez m'empoigner ? Et pourquoi, je vous prie ?

— Allons ! allons ! pas de phrases : suis-nous.

— Bien, je vais vous suivre ; mais je veux voir l'ordre.

— Quel ordre ?

— L'ordre du Comité central auquel vous avez juré obéissance.

— Je m'en f... pas mal, du Comité, répond le capitaine. Je t'arrête parce que ça me plaît, et voilà !

M. Héligon ne fait ni une ni deux, jette sa table entre les gardes nationaux et lui, puis tirant son révolver de sa poche, menace de tuer le premier qui bouge.

— Ah ! tu fais le méchant ! dit le capitaine furieux ; c'est bon, je m'en vais, mais tu verras !

Quelques instants après M. Héligon courait, rue de la Banque, prévenir les maires de ces faits.

Or, dans la nuit du mardi au mercredi, vers cinq heures du matin, M. Alfred André et M. Héligon arrivaient chez moi au sortir de la grande réunion municipale où l'on avait entendu les délégués de l'Hôtel-de-Ville. Comme d'habitude, les délégués avaient promis de rendre une à une les positions qu'ils occupaient ; puis vers, trois heures, comme, satisfaite de ces promesses, l'assemblée allait se dissoudre, l'un des délégués était monté à la tribune et avait réclamé impérieusement la parole. MM. les maires allaient en entendre de dures ! Le délégué déclara qu'on ne rendrait rien du tout, attendu que ce qui était bon à prendre était bon à garder ; et comme l'assemblée protestait, il ajouta que la comédie avait assez duré, que depuis deux jours on parlementait, uniquement pour gagner du temps, que maintenant peu importait une heure de plus ou de moins : le Comité central avait fait tache d'huile, s'était étendu partout, dominait partout. Ce n'était pas plus difficile que cela !

En effet, la consigne avait été donnée, consigne rigoureuse et utile s'il en fût, d'éviter toute espèce de collision avec les insurgés. C'était agir avec sagesse. En effet, l'histoire de France, depuis 89, abonde en situations tendues comme celle où nous nous trouvions : souvent il suffit d'un fou ou d'un homme ivre qui, par un seul coup de fusil, fait couler des torrents de sang. Enfin, la cause de l'ordre pouvait encore triompher : il suffisait d'un éclair de sens commun pour que la partie ouvrière de la population, séduite un moment par les fausses apparences socialistes de l'Hôtel-de-Ville, jetât avec horreur ses fusils et délaissât ses canons.

Au moment où j'écris ces lignes, on se bat dans Paris et le massacre est terrible : les Versaillais sont entrés la veille dans la nuit ; l'insurrection n'a plus que peu d'heures à vivre. Il s'est donc écoulé deux mois, deux mois pleins de sanglant imprévu, depuis l'époque que je raconte. Pendant ces deux mois, chaque matin, au réveil, on se demandait avec effroi si cette horrible guerre civile n'allait pas se terminer. C'est dire, n'est-ce pas ? combien semblent éloignés et pour ainsi dire *prétentieux*, ces jours où l'on croyait vaincre la révolution du 18 mars, qui n'était encore qu'une émeute. Eh bien, tout était terminé, grâce aux mesures de l'amiral Saisset et aux troupes qu'il avait alors, si les maires de Paris avaient mieux compris leur mandat, *si une partie des gardes nationaux avait voulu faire son devoir.*

Je me rappelle être entré le vendredi matin à onze heures dans la cour du Grand-Hôtel, avec un compatriote. Il s'arrêta au bas de l'escalier qui conduisait dans l'intérieur, et regarda un moment les jeunes gens qui étaient là.

— C'est avec *cela* que vous comptez triompher? me dit-il.

— Mais... oui.

— Eh bien ! attendez et vous verrez ! Certes, il y a dans ces hommes-là, mille fois plus de bravoure qu'il n'en faut pour vaincre les fédérés ; mais grâce à leur apathie, à l'indifférence complète qu'ils éprouvent, vous n'arriverez à rien. Montons au premier, — à l'état-major, — et nous verrons. Tenez, reprit-il, voilà soixante à cent jeunes gens qui sont venus prendre les ordres de l'amiral. Combien y en a-t-il qui soient disposés à recommencer la vie de fatigue, de faim, de danger qu'ils ont menée pendant six mois? Pas quinze.

Le lendemain, comme pour donner raison à mon

compatriote, au moment décisif les trois quarts des gardes nationaux avaient disparu.

Il y eut pourtant des actes de courage et de dévouement sans pareils.

Un jeune homme arracha le drapeau rouge des mains d'un sergent-fourrier au milieu de douze fédérés ; sans une porte qui s'ouvrit derrière lui, il était perdu. A la place de la Bourse, un colonel de ligne, en grand uniforme, montait la garde à la porte de la mairie du IIe arrondissement. Mais ce que je dois signaler surtout, c'est la conduite vraiment héroïque de trois officiers du 228e bataillon, MM. Colmain, Lantelme et Morache. J'ai vu de près ce que ces trois hommes ont fait : c'est admirable de courage et de sang-froid. Pourtant nulle récompense ne leur a été donnée ; il est vrai que portés pour la croix par le colonel Charpentier, ces messieurs ont vu leurs dossiers supprimés par l'état-major de la garde nationale. On sait que de tout l'état-major de la garde nationale, il en est bien peu qui n'ait réussi à se faire donner un bout de ruban. Or à l'exception d'un chef d'escadron nommé M. Roulez, et qui a toujours été le premier au danger, tous les officiers de carton, agents de change, boutiquiers et autres, ne se sont distingués que parce qu'ils appelaient leur *prudence*, et ce que j'appelle, moi leur lâcheté. Heureusement que le scandale est fini, et que cet état-major grotesque a cessé de vivre si son existence avait duré, plus longtemps ça aurait été une honte. Pendant que d'autres s'enfuyaient, les éclaireurs Franchetti s'étaient réunis un certain nombre et servaient d'officiers d'ordonnance à cheval, pendant que le élèves de l'École polytechnique servaient d'officiers d'ordonnance à pied, les uns et les autres prêts à faire le coup de feu au premier signal.

Et tout cela pour n'aboutir à rien! Les deux proclamations de l'amiral Saisset avaient été désavouées par la Chambre, ou plutôt par cette fraction de la Chambre, la droite et une partie du centre, qui, par sa faiblesse, sa pusillanimité et ses menées monarchiques au profit d'un Bourbon impossible ou d'un d'Orléans impopulaire, se rendait responsable devant Dieu et devant la France de tout le sang qui allait couler.

On sait le reste, l'ordre arrivé de Versailles enjoignant aux gardes nationaux fidèles à l'ordre de se retirer chez eux et d'abandonner la lutte.

Désormais, l'armée active allait seule avoir à réprimer l'insurrection.

A MONSIEUR ALBERT DELPIT.

Paris, le 20 octobre 1871.

MON CHER AMI,

C'est avec beaucoup d'intérêt que j'ai lu, dans la *Cloche* du 25 et du 26 septembre, vos deux feuilletons si. remarquables sur les événements du 19 au 25 mars, et je ne puis résister au désir de vous dire combien je partage vos idées.

Je me souviens avec peine de ces premières démarches que nous fîmes pour trouver une poignée d'hommes que l'amiral Saisset demandait pour enlever l'Élysée et le ministère de l'intérieur dans la nuit du dimanche 19 au lundi 20 mars. La grande difficulté était de réunir les gardes nationaux restés fidèles à l'ordre; ils prenaient bien les armes, mais pour garder leur arrondissement. — Pendant que vous alliez chez le colonel Charpentier, je courais au 6ᵉ secteur et, après quelques moments d'entretien avec le commandant du 72ᵉ bataillon, M. de Bouteillier, je compris que les idées étaient presque partout les mêmes : il ne répondait de ses hommes que dans l'arrondissement de Passy et entrevoyait des difficultés sans nombre pour en décider quelques-uns à le suivre. M. de Bouteillier aurait désiré que l'amiral vînt au 6ᵉ secteur ; je retournais rue de Ponthieu.

Jamais l'amiral ne voulut consentir à quitter le centre de Paris. Il voulait être en face du danger, et c'est ainsi qu'il finit par établir l'état-major au Grand-Hôtel, le jeudi suivant. Ah ! si certains de MM. les maires avaient su prendre une autre attitude que celle de négociateurs, comme les choses auraient subitement changé de face, et comme ces huit jours auraient pu être employés !

Dans l'espérance que l'effusion du sang pourrait être évitée, l'amiral avait consenti à faire toutes les concessions que les municipalités lui demandaient, les maires ayant seuls les pleins pouvoirs pour consentir, à la dernière heure, les sacrifices jugés nécessaires. Depuis le dimanche il était nommé commandant en chef de la garde nationale de la Seine : l'arrêté, nous l'avons vu tous deux, ait signé par M. Thiers et contre-signé par M. Picard.

La population de Paris l'ignorait, et dans la crainte de désobliger quelques-uns des maires qui voulaient éviter cette présentation au nom du gouvernement, supposant que, parce qu'il était discuté, il serait méconnu, on avait tenu cette nomination secrète. C'est seulement le vendredi qu'une affiche, apposée sur les murs de Paris, annonçait officiellement que l'amiral avait été nommé provisoirement par les maires pour commander la garde nationale avec le colonel Langlois pour chef d'état-major et M. Schœlcher commandant l'artillerie. A partir de ce moment, on pouvait supposer que l'initiative viendrait du commandant en chef et que les maires cesseraient d'avoir des rapports avec le Comité central ; on

pouvait supposer qu'une attitude résolue serait la conséquence de cette nomination.

D'où est venue l'idée de dénaturer la nomination de l'amiral ? Je ne pourrais le préciser,
mais ce que je sais, c'est que le matin du jour
où on imprimait la proclamation des maires,
M. Desmarets et deux autres maires ou adjoints
étaient restés quatre heures à Versailles à
l'hôtel de la préfecture. C'était faire preuve
de faiblesse que de modifier ainsi les actes du
gouvernement et de ne plus lui reconnaître le
droit de nommer le commandant des gardes
nationales de la Seine ; et cela dans quel but ?
Aussi est-ce à partir de ce moment qu'à Paris,
et pendant toute la durée de la Commune, on
ne l'a plus appelé que le gouvernement de
Versailles.

Ce que la garde nationale demandait, c'était un chef qui lui fût sympathique, l'amiral Saisset remplissait largement ces conditions, et, sur le boulevard, le 19 mars, quand la foule le suppliait de se mettre à la tête des gardes nationales, il s'agissait bien de savoir qui le présenterait ! lui seul s'en préoccupait et ne voulait recevoir son commandement que du gouvernement. Croyez-vous que le Comité central n'a pas senti ces faiblesses ? soyez bien persuadé qu'à ce moment elles ont été toutes sa force. Le Comité central a joué avec les municipalités comme un chat le ferait avec une souris, c'est sans doute pour cela que M. Desmarets rêvait sonricière à la mairie de la rue Drouot.

Le vendredi, quand on annonça au Grand-Hôtel que la mairie du I⁽ᵉʳ⁾ arrondissement était cernée et qu'on marchait sur le II⁽ᵉ⁾, l'amiral était bien préparé à la lutte, je vous en en réponds, je l'ai vu de près à ce moment et il y avait autour de lui des fractions de bataillons bien disposées à le seconder. Mais là encore des négociations avec le Comité, toujours des négociations vinrent le paralyser.

Ces démonstrations militaires autour des deux mairies étaient encore un jeu et les maires ne s'en doutaient guère. Les élections étaient demandées pour le mercredi et jeudi de la semaine suivante, on prenait rendez-vous pour le soir, afin de s'entendre sur les questions de détail; le soir, Messieurs du Comité, qui ne s'étaient pas dérangés, attendirent que les délégués des municipalités vinssent les trouver et leur répondirent que ceux qui s'était rendus dans l'après-midi, aux mairies du Ier et du IIe arrondissement n'avaient pas de pouvoirs suffi sants. Maintenant que s'est-t-il passé dans cette journée du 25 et pourquoi l'amiral a-t-il quitté le Grand-Hôtel dans l'après-midi ? je l'ignore ; mais ce que je puis vous dire, c'est que le matin, à onze heures, quand je lui ai demandé l'autorisation de m'absenter, il ne songeait pas à partir. Il me recommanda d'être de retour avant la nuit ; il craignait que, comme vous, je ne fusse arrêté !

Il avait accepté le commandement de la garde nationale et vous savez qu'il n'est pas homme à agir sans de bonnes raisons et surtout sans être inspiré de cette devise : Honneur et Patrie qui dans tout ce que je lui ai fait vu entreprendre et décider a été son guide fidèle. Soyez certain que l'initiative de son départ ne vient pas de lui ; est-elle le résultat d'un ordre venu de Versailles ? n'est-ce que la conséquence de toutes les intrigues qui paralysait son autorité ? je ne sais pas au juste, mais je crois qu'il y a des deux. Il n'en a rien dit ; s'il n'en dit rien, je reste convaincu que c'est encore pour servir la cause de l'ordre. Nous ne savons autre chose à cet égard que sa déclaration écrite avant son départ basée sur la capitulation des maires au sujet des élections.

Quand vous dites qu'alors il aurait suffi de trois jours pour se rendre maîtres de Paris, quelque exagérée que cette opinion puisse paraîtres puisqu'on a vu qu'il a fallu plus tard deux mois pour réaliser cet objectif, je serais entièrement de votre avis, si l'amiral Saisset avait trouvé dans les municipalités un peu de l'énergie qu'il a dépensée.

Le Comité central n'est devenu fort qu'après

es élections de la Commune ; sans elles il n'é-
tait rien, il aurait eu peut-être quelques jours
d'existence, mais voilà tout.

Votre dévoué,

ÉMILE MONTEAUX.

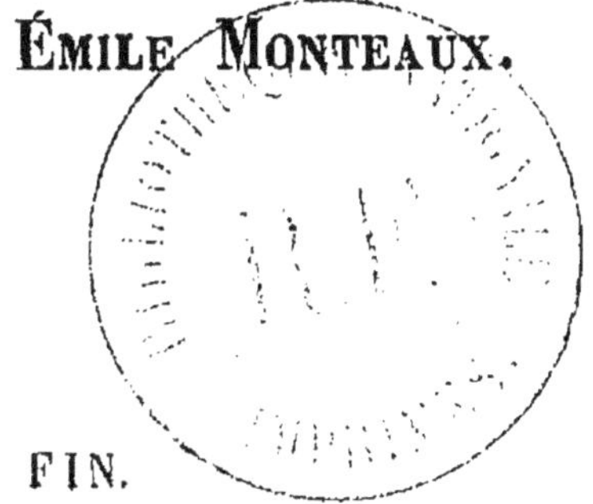

FIN.

CLICHY. — Imp. PAUL DUPONT et Cie, rue du Bac-d'Asnières, 12.
1000, 1-11.

www.ingramcontent.com/pod-product-compliance
Lightning Source LLC
Chambersburg PA
CBHW061304060726

47596CB00002B/740